ANALISI PESTLE   4

Informazioni chiave   4
L'azienda e il suo ambiente   5
Definizione del modello   6

TEORIA   8

Contesto e concetto   8
Vantaggi dell'utilizzo del modello PESTLE   14

APPLICAZIONE PRATICA   16

Consigli e suggerimenti   16
Studio di caso   20

IMPATTO   24

Limiti e critiche   24
Modelli ed estensioni correlate   25
Convergenza dei modelli   28

SINTESI   29

ULTERIORI LETTURE   31

Bibliografia   31
Fonti aggiuntive   32

ANALISI PESTLE

INFORMAZIONI CHIAVE

- **Nomi:** analisi PESTLE, analisi PESTEL, quadro PESTLE.

- **Utilizzi:** l'analisi PESTLE consente ad un manager di identificare i principali fattori macroeconomici che possono influenzare lo sviluppo futuro dell'azienda.

- **Perché ha successo?** L'identificazione delle variabili macroeconomiche future che potrebbero essere di interesse e la costruzione di diversi scenari consentono al manager di anticipare meglio le decisioni strategiche necessarie per garantire il corretto sviluppo e la sostenibilità dell'azienda.

- **Parole chiave:**

  - <u>Vantaggio competitivo</u>: un bene che consente a un'organizzazione di distinguersi positivamente e di superare i suoi concorrenti in un determinato settore.

  - <u>Strategia competitiva</u>: metodologia attuata con l'obiettivo di massimizzare il successo dell'azienda attraverso l'innovazione e avvantaggiandosi rispetto alla concorrenza.

  - <u>Situazione economica</u>: la posizione complessiva di un'entità, determinata da tutti i suoi elementi politici, economici e sociali.

ANALISI PESTLE

Comprendere e pianificare l'ambiente aziendale

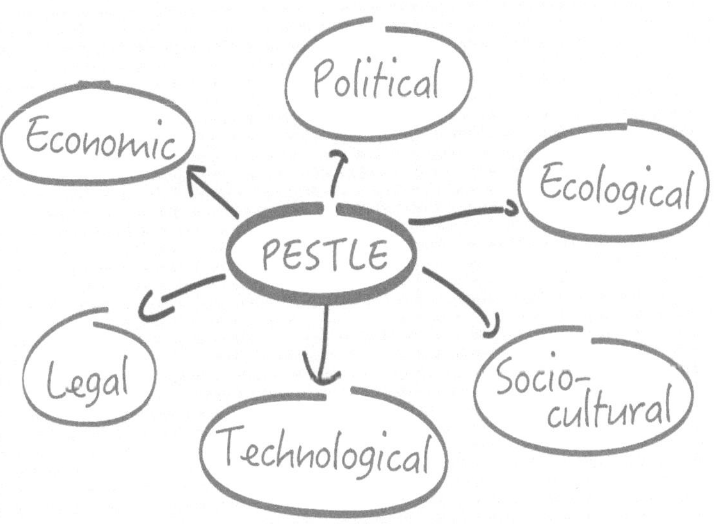

ANALISI PESTLE

Comprendere e pianificare l'ambiente aziendale

scritto da Thomas del Marmol
tradotto par Sara Rossi

- Variabile pivot: elemento di importanza cruciale che può influenzare notevolmente lo sviluppo dell'azienda.

- Scenario: la probabile proiezione teorica per un futuro prossimo o lontano.

L'AZIENDA E IL SUO AMBIENTE

Caratterizzata da un ambiente in continua evoluzione, la società attuale si differenzia per molti aspetti da quella precedente. Adattarsi all'ambiente mutevole e competitivo è diventata una necessità per qualsiasi manager che voglia mantenere a galla la propria azienda e aiutarla a prosperare negli anni a venire. L'ambiente (dimensione macroeconomica) ha dimostrato di essere una fonte di opportunità e di minacce per qualsiasi azienda sul mercato, indipendentemente dal suo settore o industria.

Pertanto, un'anticipazione confermata del fenomeno macroeconomico lambda fornirà presto un vantaggio competitivo diretto al manager, se questo gli consentirà di reagire efficacemente prima dei suoi concorrenti. D'altra parte, se un manager sottovaluta un evento epocale del mercato, si troverà rapidamente a lottare contro i concorrenti le cui previsioni sono più complete, dovendo affrontare le loro strategie competitive e aggressive. Per esempio, le aziende che non hanno anticipato per tempo l'espansione e le opportunità offerte da internet hanno avuto vita difficile all'inizio del millennio.

Poiché la capacità di prevedere determinati eventi futuri sembra essere la chiave del successo, del buon sviluppo e persino, in alcuni casi, della sopravvivenza di un'azienda, ci sono sempre persone che sostengono, dopo un cambiamento dell'ambiente, che gli indicatori si stavano inevitabilmente muovendo in quella direzione. Tuttavia, anticipare questi indicatori è tutt'altro che facile e nessuno ha la sfera di cristallo per prevedere il futuro.

È in questo contesto di incertezza che è apparsa l'analisi PESTLE, che mira a identificare e analizzare le variabili macroeconomiche rilevanti per un'organizzazione in un ambiente specifico.

DEFINIZIONE DEL MODELLO

All'analisi è stato dato il nome di PESTLE in riferimento all'acronimo formato dalle iniziali delle sei categorie di variabili macroeconomiche incluse nel modello (Politica, Economia, Socio-cultura, Tecnologia, Legge e Ambiente). In primo luogo, il modello consente ai manager di identificare le variabili macroeconomiche da prendere in considerazione per lo sviluppo dell'azienda (opportunità vs. rischi potenziali), la cui probabilità è ancora relativamente incerta. Poi, il modello può aiutare il manager a iniziare a concettualizzare diversi scenari basati su queste variabili incerte per prevedere al meglio ciò che potrebbe accadere e prendere le giuste decisioni per il futuro.

Qual è il macroambiente?

L'ambiente di un'organizzazione può essere suddiviso in tre livelli distinti:

concorrenti del mercato;

l'industria (cioè il settore delle imprese);

il macroambiente, il livello più alto, che consiste in ampi fattori ambientali che hanno un impatto maggiore o minore su quasi tutte le organizzazioni (Johnson et al., 2008).

TEORIA

CONTESTO E CONCETTO

L'origine dell'analisi PESTLE rimane relativamente poco chiara. Tuttavia, alcuni autori concordano sul fatto che le prime tracce della sua comparsa si trovino nel libro di Francis J. Aguilar, *Scanning the Business Environment* (1967). All'epoca, il modello era chiamato analisi PEST, che corrisponde alle categorie iniziali delle variabili macroeconomiche: politiche, economiche, socioculturali e tecnologiche.

È stata utilizzata e perfezionata negli anni '70 e '80 da diversi autori di rilievo: Liam Fahey (direttore dell'organizzazione di consulenza Leadership Forum Inc. e professore di management al Boston College), Vadake K. Narayanan (professore di management alla Drexel University) e Arnold Brown (manager di progetti di consulenza), per citarne solo alcuni. Da questi diversi lavori sono nate varie estensioni del modello iniziale, denominate analisi PEST, SLEPT o STEEPLE. Alla fine sono state mantenute le variabili aggiuntive "legali" e "ambientali", dando vita al modello PESTLE, che oggi è il più accettato. Tuttavia, si noti che alcuni preferiscono combinare gli aspetti "politici" e "legali" sotto l'unico termine "politico-legale", creando l'acronimo PESTE.

L'insieme delle variabili

Poiché si tratta di un modello popolare e regolarmente utilizzato, sia per completare piani aziendali, strategie di produzione o di marketing, sia per lanciare nuovi progetti (ad esempio, quando si sviluppa un nuovo prodotto su un mercato in cui l'azienda non è ancora entrata), l'approccio deve essere specifico.

L'obiettivo primario dell'analisi PESTLE è l'identificazione dei cambiamenti macroeconomici inevitabili che potrebbero avere un impatto significativo sullo sviluppo di un'azienda (in termini di prodotti, marchio o addirittura dell'intera organizzazione). Non si tratta quindi di condurre uno studio completo dell'ambiente esterno: l'analisi approfondita delle variabili macroeconomiche è rilevante solo in relazione a una specifica azienda, in modo da poter anticipare i cambiamenti che potrebbero verificarsi sulla sua scala.

Infatti, di tutti gli eventi macroeconomici che si verificheranno nei prossimi anni, solo alcuni eserciteranno una reale influenza sull'evoluzione dell'azienda. Pertanto, è responsabilità del manager distinguere tra le variabili che possono influenzare direttamente o indirettamente l'organizzazione e quelle che avranno solo un impatto minore sulla sua sostenibilità. Quindi, un dirigente a capo di una compagnia petrolifera non reagirà alle recenti scoperte sugli apporti di gas di scisto allo stesso modo di un dirigente di una compagnia di navigazione o del proprietario di una paninoteca!

Le variabili macroeconomiche sono classificate in sei categorie distinte, anche se relativamente interdipendenti.

Fig. 2 - Le 6 variabili dell'analisi PESTLE

- **Variabili politiche.** Le tendenze politiche di un Paese (pressioni governative, politica monetaria, ecc.) influenzano in modo significativo l'azienda che sceglie di stabilirvisi: le autorità pubbliche costituite prendono sempre più decisioni che possono avere un impatto diretto sulle operazioni quotidiane e sulle prospettive degli aspetti finanziari (interessi nozionali, ecc.) e sociali (assistenza all'occupazione, sussidi, ecc.) di un'azienda. Vanno considerati anche altri elementi, come i conflitti, il livello di corruzione o il grado di intervento dello Stato. Inoltre, un imprenditore che avvia un'attività commerciale in un paese in perenne conflitto governativo deve assicurarsi di rispondere alle esigenze degli abitanti locali, che saranno diverse da quelle di chi vive in un paese in cui regna la stabilità e la pace. Si noti anche che esistono organismi come la Commissione Europea e l'Organizzazione Mondiale del Commercio (OMC) che regolano le politiche commerciali internazionali.

- **Variabili economiche.** Sebbene sia praticamente impossibile per un'azienda cambiare la situazione economica, può sicuramente prepararsi per affrontare al meglio le fluttuazioni. Osservare l'evoluzione del PIL di un paese, le sue aliquote fiscali e la crescita del potere d'acquisto degli abitanti si rivelerà fondamentale per disporre di tutti i fattori necessari al processo decisionale manageriale. Il successo economico di un'azienda passa anche attraverso l'osservazione delle cifre chiave del settore e l'analisi delle tendenze dei consumatori. In questo modo, anticipare una diminuzione significativa del potere d'acquisto consente all'azienda di adattare la propria strategia complessiva per ridurre al minimo le perdite.

- **Variabili socio-culturali.** Conoscere le caratteristiche di una popolazione (demografia, distribuzione dell'età, ecc.) per comprenderne il comportamento d'acquisto è fondamentale per conquistare un mercato. Inoltre, la storia (radici e tradizioni) e le influenze religiose e socioculturali (moda, media, mezzi di comunicazione, ecc.) consentono all'azienda di affinare l'analisi dei bisogni specifici degli individui coinvolti. Ad esempio, i cittadini dei paesi mediterranei hanno esigenze diverse da quelle dei loro omologhi nei paesi baltici a causa della loro cultura, del clima in cui vivono o della loro religione.

- **Variabili tecnologiche.** Oggi molti esperti sono impegnati a lavorare in ogni angolo del pianeta, cercando di rivoluzionare i processi esistenti. Mentre alcune di queste scoperte non sono in grado di influenzare il mercato di riferimento, altre hanno il potenziale per stravolgere completamente la norma. La rivoluzione di internet è stata una sorpresa per molti manager e chi ne ha anticipato l'uso ha ottenuto un significativo vantaggio competitivo. Sembra quindi naturale indagare sulle pratiche di R&S (ricerca e sviluppo) e di innovazione nel settore prescelto (core business) dall'azienda. La continua rivalutazione del prodotto, così come dei processi coinvolti nella sua preparazione e acquisizione da parte del cliente, è la chiave per un'osservazione tecnologica di successo.

- **Variabili legali.** Tenersi informati sulle normative (leggi sul lavoro, leggi commerciali, ecc.) del paese in cui si trova o si troverà l'azienda - poiché la legislazione varia da un luogo all'altro - è oggi uno dei modi migliori per proteggersi da possibili attacchi legali e agire nel miglior modo possibile all'interno dei vincoli giuridici. Ad esempio, le norme relative al porto d'armi non sono uguali in tutti i paesi, e qualsiasi commerciante astuto che voglia impegnarsi in questo settore adatterà rapidamente la propria comunicazione e distribuzione in base alla legislazione in vigore nel paese in questione. Anche gli incentivi fiscali possono indurre un manager ben informato a propendere per alcuni paesi piuttosto che per altri.

- **Variabili ambientali.** Il XXI secolo è una continuazione del XX, che pone l'ambiente e lo sviluppo sostenibile al centro dei dibattiti più che mai. Il preoccupante cambiamento climatico, l'inquinamento in costante aumento, la raccolta differenziata dei rifiuti che varia da un paese all'altro, ecc. Questa preoccupazione ha talvolta un impatto diretto sul mondo commerciale. Il controllo dell'uso dell'energia o dei livelli di inquinamento sono due esempi delle numerose misure adottate dalle autorità regionali, nazionali e/o internazionali; queste possono influenzare il corso delle operazioni di un'organizzazione. Nel frattempo, si creano nuovi mercati: ad esempio, nel caso dei prodotti biologici.

La tabella seguente mostra una sintesi delle principali variabili macroeconomiche per ogni categoria identificata. Questo elenco non esaustivo deve essere completato in base al settore aziendale e ai paesi specifici di ciascuna società.

Identificazione delle variabili pivot

La difficoltà principale dell'esercizio consiste nell'identificare le variabili rilevanti in relazione a una specifica azienda. Il rischio, se la cernita non è fatta bene, è quello di ritrovarsi con così tante informazioni da non poter prestare la dovuta attenzione a ciascuna di esse, perdendo così opportunità o minacce imminenti. Pertanto, è essenziale identificare le variabili pivot per comprendere meglio gli eventi cruciali in arrivo per l'azienda.

Le variabili pivot sono "i fattori che potrebbero influenzare in modo significativo la struttura di un settore o di un mercato" (Johnson et al., 2008). Queste variabili sono di conseguenza diverse a seconda del tipo di industria e di mercato, anche se alcuni sostengono che tutte le aziende devono affrontare le stesse minacce, dato che la globalizzazione dei mercati continua a crescere e gli organismi che regolano il commercio internazionale vengono costantemente creati. Inoltre, variano nel tempo, il che porta a una continua messa in discussione dei dati utilizzati. Che si tratti dei gusti dei consumatori o della situazione economica, lavorare in un ambiente volatile costringe il manager a consultare regolarmente ricerche di mercato o ad andare "sul campo" per verificare la pertinenza di queste variabili.

Costruire scenari

Una volta raccolti, identificati e classificati i dati, sulla base delle variabili pivot, in base alla loro probabilità e al loro impatto potenziale, il manager dovrà costruire degli scenari. Questi rappresentano le possibili alternative per il futuro dell'azienda. Ad esempio, una delle variabili pivot del settore immobiliare è direttamente collegata ai tassi dei mutui che consentono ai privati di effettuare i loro investimenti. In questo caso, il responsabile di un'impresa di costruzioni immaginerà diversi scenari: uno in cui il tasso aumenta leggermente, un secondo in cui diminuisce fortemente, un terzo in cui ristagna, ecc.

VANTAGGI DELL'UTILIZZO DEL MODELLO PESTLE

Sebbene l'analisi PESTLE non pretenda di prevedere cosa ci riserverà il futuro, si rivela comunque utile per avviare discussioni proattive e costruttive sul futuro dell'azienda. L'uso appropriato di questo strumento consente di individuare potenziali opportunità e minacce per l'azienda, che possono rapidamente trasformarsi in un significativo vantaggio competitivo. Il modello PESTLE favorisce una visione globale oltre alla possibilità di fare un passo indietro e una certa flessibilità.

L'uso degli scenari è particolarmente utile quando vi è un basso numero di variabili pivot con un alto grado di incertezza. Queste possono portare a due futuri radicalmente diversi per l'azienda e spetta al manager identificare correttamente le risposte a ciascuna di esse e, soprattutto, il loro potenziale contributo alla performance aziendale. In base ai diversi scenari descritti, è possibile anticipare le reazioni ideali nel caso in cui uno dei due si concretizzi. È inoltre opportuno quantificare la probabilità che ogni scenario si verifichi, in modo da preparare in anticipo gli elementi necessari per il successo dell'azienda nel quadro più probabile.

Una volta identificati i diversi scenari, spetta al manager e ai suoi consulenti analizzarli a fondo, per valutare la probabilità che si concretizzino e l'impatto diretto che avrebbero sull'azienda.

APPLICAZIONE PRATICA

CONSIGLI E SUGGERIMENTI

Selezione e sviluppo delle informazioni

La raccolta di dati macroeconomici comporta talvolta l'inclusione di informazioni non sempre completamente affidabili. È quindi fortemente consigliato al gestore di testare immediatamente la propria verità di base per verificarne la correttezza. In questo caso, è anche essenziale confrontare costantemente le informazioni raccolte con i nuovi dati di mercato.

In relazione alla classificazione suggerita sopra, sembra che molte variabili siano interdipendenti. Infatti, l'introduzione di una tassa sull'inquinamento riguarda sia gli aspetti legali che quelli ambientali. Allo stesso modo, la comparsa di una nuova tecnologia può influire su alcuni aspetti economici e socioculturali di un paese. Pertanto, anche se la classificazione suggerita è utile per il manager - che è tenuto a distinguere tra le variabili - non è necessario applicarla sistematicamente in ogni dettaglio. Infatti, l'importanza di classificare le variabili in una categoria o in un'altra è relativa: ad esempio, passare ore a decidere se la politica fiscale di un paese è più legata alle categoria politica, economica o giuridica non è di grande interesse. Poiché si tratta principalmente di un metodo strutturato per elencare le varie influenze macroeconomiche sull'azienda, la vera sfida consiste nell'identificare la rilevanza di questi dati e il loro potenziale impatto sull'organizzazione. Per facilitare l'ordinamento delle informazioni, può anche essere utile fare dei confronti con eventi passati che hanno avuto un impatto sul settore.

La costruzione degli scenari fornisce una visione completa delle possibili situazioni future, ma non deve comunque essere effettuata in modo troppo specifico: l'analisi PESTLE non vuole dettare linee guida specifiche, ma piuttosto avviare una discussione sulle possibili decisioni strategiche da prendere nel caso in cui si concretizzi una situazione descritta in uno degli scenari. In genere è consigliabile scegliere un numero pari di scenari (due o quattro) per evitare la tentazione di privilegiare quello intermedio.

Applicazioni

Ci sono molti casi e situazioni in cui un'analisi PESTLE è appropriata:

- **Il lancio di una nuova attività.** La creazione di un business plan, necessaria per convincere gli azionisti ad investire nell'azienda, richiede l'uso di strumenti strategici per mostrare un'analisi approfondita del mercato e del suo appeal per i consumatori. In questo contesto, l'analisi PESTLE può dimostrare agli investitori che l'ambiente macroeconomico è favorevole allo sviluppo di un'azienda sul mercato o, in caso contrario, almeno attirare la loro attenzione sul fatto che l'azienda è consapevole delle variabili di rischio e che esiste un modo per compensarle.

- **Lo sviluppo di nuovi prodotti o il lancio di nuovi progetti.** Analogamente, l'analisi PESTLE consente al manager di valutare se l'ambiente è pronto ad accogliere un nuovo prodotto sul mercato. Anche la decisione di intraprendere un nuovo progetto può essere oggetto di un'analisi dettagliata.

- **Rivalutare l'organizzazione dell'azienda.** Le scelte fatte durante la creazione dell'azienda possono diventare rapidamente obsolete di fronte alla costante evoluzione della maggior parte dei mercati. Infatti, i gusti della popolazione possono cambiare rapidamente, le condizioni economiche fluttuare, possono comparire nuove tecnologie, ecc. La strategia dell'azienda deve essere continuamente rivalutata, aggiornando regolarmente l'analisi PESTLE e altri strumenti diagnostici, per includere gli eventi recenti.

- **Il processo decisionale della strategia di marketing.** Conoscere le variabili macroeconomiche di un settore, soprattutto a livello socio-culturale, può essere fondamentale per comunicare correttamente con il proprio pubblico. Quali sono le norme culturali della regione? Qual è la storia del paese? Queste domande contribuiranno ad evitare errori costosi in termini di tempo e denaro per l'azienda che vuole vedere il proprio prodotto utilizzato da una parte della popolazione.

Estrapolazione

Le variabili raccolte saranno interpretate in modi diversi a seconda dell'esperienza e del background delle persone che le analizzano. Un economista non percepirà le implicazioni di un cambiamento di governo allo stesso modo di un avvocato o di un sociologo.

L'interazione tra esperti consente di anticipare in modo ottimale le implicazioni di una nuova variabile identificata, ciò fai si che diventi essenziale lavorare con le persone giuste.

Analisi del settore

Il lavoro preparatorio svolto con l'analisi PESTLE aiuta il manager a prendere le decisioni rilevanti sul campo, quelle che garantiranno la sostenibilità dell'azienda. Esse avranno un impatto sia diretto che indiretto sui processi e sul lavoro di tutti i membri dell'organizzazione.

Pertanto, le decisioni prese utilizzando il quadro dell'analisi PESTLE dovrebbero essere condivise con l'intera organizzazione, al fine di riunire il team attorno ad una visione comune che sia compresa e fatta propria da tutti. Il sostegno dell'intera organizzazione è forse una delle principali chiavi di successo delle decisioni derivanti dall'analisi PESTLE. L'attuazione delle decisioni prese in merito alla vita aziendale quotidiana sarà cosi facilitate.

STUDIO DI CASO

Gruppo postale belga (bpost)

Nel 1790, in Belgio, fece la sua comparsa l'ufficio postale municipale. Le sue attività si sono sviluppate costantemente fino a diventare la società per azioni bpost che conosciamo oggi. Sebbene la riforma del 1963, che imponeva ad ogni abitazione di avere una cassetta postale, abbia dato una vera e propria spinta allo sviluppo della posta ordinaria, l'azienda ha dovuto affrontare nuove sfide a partire dai primi anni 2000. L'emergere di nuovi mezzi di comunicazione e l'uso sempre più diffuso di internet hanno modificato in qualche modo la situazione in un settore in cui un tempo dominava la carta. Inoltre, mentre un tempo bpost monopolizzava il mercato della posta, nel 2011 si è aperta la concorrenza, scuotendo nuovamente le modalità operative a cui bpost era abituata.

È in questo contesto disastrato che l'azienda ha deciso di lanciare nel 2013 un nuovo servizio: lo *Shop and Deliver* o "bpost su appuntamento", che ha l'obiettivo di consegnare la spesa a casa dei clienti in base agli ordini effettuati in precedenza sul proprio sito web. Per fare ciò, l'obiettivo dell'azienda è quello di stringere partnership con commercianti già affermati sul mercato, in modo da soddisfare il maggior numero di persone. Bpost si basa così su un rapporto di fiducia a lungo termine con i suoi interlocutori: da un lato, l'azienda offre un mezzo ai venditori, come una piattaforma di e-commerce, consentendo loro di raggiungere le persone che fanno acquisti online e, dall'altro, i clienti di bpost beneficiano di un servizio di consegna a domicilio della spesa nei giorni feriali, tra le 17.00 e le 21.00. Possono selezionare i prodotti online e scegliere un luogo e una fascia oraria di consegna al prezzo unico di 9,95 euro per pacco.

L'analisi PESTLE completata

Come già discusso in precedenza, quando si decide di lanciare un nuovo progetto, può essere saggio utilizzare l'analisi PESTLE per comprendere appieno i lati positivi e negativi delle future variabili macroeconomiche. In questo caso, le variabili rilevanti selezionate per l'analisi si riferiscono al lancio del progetto *Shop and Deliver che* bpost vuole realizzare.

Costruire scenari

Una volta identificate le variabili sconosciute, il manager costruirà diversi scenari per anticipare la probabile evoluzione di queste variabili e il loro impatto sull'azienda. Dato l'elevato numero di variabili raccolte per questo caso di studio, ci concentreremo sulla costruzione di quattro scenari per le variabili socioculturali.

Il successo del progetto dipende sia dall'accettazione del servizio da parte del pubblico sia dall'espansione delle vendite tramite e-commerce. La realizzazione di queste due condizioni si basa su una serie di aspetti incalcolabili, per cui è essenziale costruire diversi scenari. Il diagramma seguente mostra i diversi scenari di evoluzione dell'azienda in base alla concretizzazione delle variabili.

In questo modo, l'azienda può prevedere tutte le eventualità: il manager deve quindi essere pronto a rispondere nel miglior modo possibile ad ogni scenario e a fornire soluzioni su misura nel caso in cui se ne verifichi uno.

Conclusione

- In conclusione, sebbene bpost rimanga un'azienda per lo più di proprietà dello Stato belga, nel corso degli anni ha acquisito una crescente indipendenza, tanto da non poter più sopravvivere con gli aiuti pubblici o con i propri asset, il che la incoraggia pienamente a diventare altamente competitiva.

- Il suo core business soffre di una scarsa immagine e di una minore attività a causa di molti fattori negativi. L'azienda ha tutto l'interesse a sfruttare le sue capacità tecnologiche e la sua redditività (17,96% di margine EBIT normalizzato nel 2013) per operare una serie di diversificazioni strategiche, tra cui *Shop and Deliver*, per prepararsi ai cambiamenti di stile di vita dei consumatori che utilizzano sempre di più l'e-commerce per fare i loro acquisti.

- L'attività di *Shop and Deliver* fornirà all'azienda entrate aggiuntive, consentendole di diversificare le fonti di profitto. La proposta di progetto è stata approvata dalla direzione: attualmente in fase di sviluppo, sarà opportunamente lanciata nei prossimi mesi. Solo il tempo ci dirà se questo progetto sarà un successo o un fallimento.

- Sebbene l'uso dell'analisi PESTLE sia effettivamente rilevante in questo caso, rimane insufficiente. Infatti, questa analisi deve essere completata da un'indagine approfondita sui punti di forza e di debolezza dell'azienda per identificare i suoi fontamenti nella ricerca dell'integrazione nel suo ambiente e della redditività: le minacce e le opportunità (analisi SWOT), così come l'apertura del mercato alla concorrenza (analisi delle cinque (+1) forze di Porter) dovrebbero essere debitamente considerate per evitare di trascurare qualsiasi aspetto e ottenere le migliori previsioni possibili.

IMPATTO

LIMITI E CRITICHE

Sebbene il modello sia molto popolare tra i manager d'impresa, l'analisi PESTLE, come qualsiasi altro modello strategico, presenta tuttavia una serie di limiti.

- **Visione globale relativa.** Una delle principali limitazioni è in realtà il risultato di uno dei vantaggi più apprezzati del modello: volendo coprire un ampio spettro di variabili macroeconomiche, il gestore può trovarsi rapidamente sopraffatto dalla quantità di informazioni che inevitabilmente deve affrontare. In effetti, c'è un'enorme differenza tra il sottolineare l'importanza di ordinare le variabili macroeconomiche rilevanti e il farlo nella pratica. A un certo punto, tutte le variabili sembrano importanti e il numero di scenari da costruire è così elevato che lo stesso Steve Jobs farebbe fatica a trarre conclusioni pertinenti! Essere competenti non è sempre sufficiente per identificare le variabili pivot. A volte è necessario avere una buona intuizione e metterla in discussione: ad esempio, circondandosi di un team multidisciplinare in grado di sviluppare un'intelligenza collettiva e contando su una buona dose di fortuna. Tuttavia, la fortuna può essere influenzata da un lavoro rigoroso e da un'analisi il più possibile ampia.

- **Scenari inaffidabili.** Le situazioni sono spesso diverse nella pratica rispetto alla teoria e ciò che viene previsto non sempre coincide con la realtà. Da questo punto di vista, lo strumento sembra utile, ma non possiede un'affidabilità concreta.

- **Mancanza di obiettività.** È stato osservato che molti manager scelgono di implementare tre scenari distinti per una variabile pivot: uno scenario ottimistico, uno scenario pessimistico e uno scenario intermedio. Sebbene questa tattica dia al manager l'impressione di essere il più obiettivo possibile nello sviluppo di una strategia, in realtà lo costringe spesso ad ignorare gli altri due scenari a favore di quello centrale. A cosa serve costruire diversi scenari se alla fine ci interessa solo uno di essi?

- **Impatto impossibile da quantificare.** Infine, è bene tenere presente che mentre è possibile determinare i principali cambiamenti macroeconomici che potrebbero influenzare il mercato utilizzando questo modello, l'impatto specifico di queste variabili sul settore rimane difficile da giudicare e ancor più da quantificare.

MODELLI ED ESTENSIONI CORRELATE

Poiché l'analisi PESTLE riguarda solo uno dei tre livelli dell'ambiente dell'organizzazione, un'analisi basata esclusivamente sulle sue variabili non può essere considerata rilevante per lo sviluppo di una strategia aziendale.

Anche se all'inizio sembra interessante (per identificare le principali tendenze del macroambiente), l'analisi

PESTLE dovrebbe essere integrata da altri strumenti che studiano l'ambiente vicino all'organizzazione, cioè il suo macroambiente: l'industria, i concorrenti diretti e così via. Successivamente, l'analisi delle cinque (+1) forze di Porter e l'analisi SWOT completano la riflessione sulla strategia aziendale.

Analisi delle cinque forze di Porter (+1)

Sviluppata dal professore americano Michael Porter nel 1979, l'analisi delle cinque (+1) forze ci permette di osservare l'attrattività di un settore e di identificare i suoi comportamenti competitivi. Il modello si basa sul concetto di vantaggio competitivo. Pertanto, spetta al manager osservare le principali forze competitive del settore per comprendere e valutare meglio il potere di ciascuno dei concorrenti attuali e potenziali.

 ### CHE COS'È IL VANTAGGIO COMPETITIVO?

Il concetto di vantaggio competitivo si basa su "tutte le caratteristiche o gli attributi posseduti da un prodotto o da una marca che gli conferiscono una certa superiorità rispetto ai suoi immediati concorrenti. Queste caratteristiche o attributi possono essere di varia natura e riguardare il prodotto stesso [...], i servizi necessari o aggiunti che accompagnano il servizio di base, o le condizioni di produzione, distribuzione o vendita del prodotto o dell'azienda" (Lambin e de Moerloose, 2008: 250).

Queste forze rappresentano:

- il potere contrattuale dei fornitori

- il potere contrattuale dei clienti

- la minaccia di nuovi operatori

- prodotti sostitutivi

- concorrenza intersettoriale

- il ruolo dello Stato (incluso più avanti).

Il compito di valutare le forze rilevanti spetta al manager: l'obiettivo è quello di determinare l'attrattiva attuale e futura del settore, ovvero le prospettive di sviluppo e la performance della propria attività. In generale, l'analisi delle cinque (+1) forze di Porter si conclude con l'identificazione dei fattori chiave di successo che consentono uno sviluppo ottimale dell'azienda.

Analisi SWOT

Sviluppata negli anni '60 da alcuni professori della Harvard Business School, l'analisi SWOT mira a trarre le principali conclusioni dai fattori di interesse legati alle caratteristiche e all'ambiente dell'azienda. Il nome del modello è il risultato dell'acronimo formato dalle parole "Punti di forza", "Punti di debolezza", "Opportunità" e "Minacce". Pertanto, è responsabilità del decisore identificare i principali punti di forza e di debolezza dell'azienda ed essere consapevole delle opportunità e delle minacce che il settore deve affrontare.

L'interesse dell'analisi SWOT risiede più nelle sue conclusioni che nell'elencazione delle caratteristiche dell'azienda e del settore. Per il manager, le conclusioni saranno tutti i punti di interesse e gli spunti di riflessione che permetteranno di sviluppare una strategia su misura per l'azienda, sia per quanto riguarda l'ambiente interno che per quello esterno.

CONVERGENZA DEI MODELLI

Un manager esperto comprenderà rapidamente i vantaggi dell'uso complementare di questi modelli. Sebbene possano essere utili singolarmente, è in realtà attraverso l'intersezione e la sovrapposizione delle informazioni che si possono formulare le principali decisioni strategiche razionali.

L'analisi dell'ambiente segue diverse fasi, durante le quali l'implementazione di alcuni modelli influenzerà la costruzione dei modelli successivi. Sebbene la raccolta di informazioni possa essere noiosa, l'analisi dell'ambiente è essenziale per qualsiasi azienda che voglia mantenere un vantaggio competitivo sostenibile.

SINTESI

- Le prime tracce dell'analisi PESTLE sono apparse nel 1967 nel libro *Scanning the Business Environment* del professor Francis J. Aguilar, con il nome di analisi PEST. Studiata e sviluppata da molti autori, è poi diventata il modello PESTLE come lo conosciamo oggi.

- Gli obiettivi principali dell'analisi PESTLE sono la classificazione delle variabili macroeconomiche in sei categorie – Politica, Economia, Socioculturale, Tecnologica, Legale e Ambientale – e il fare un passo indietro, necessario per anticipare e garantire il futuro di una specifica azienda.

  - L'osservazione di questi dati permette di capire in quale ambiente l'azienda si sta evolvendo o si evolverà in futuro. Questa visione globale e macroeconomica è valida per tutte le aziende.

  - La difficoltà principale del modello risiede nell'ordinare le variabili rilevanti in base all'azienda in questione. La loro raccolta porta all'identificazione di variabili pivot che si ritiene abbiano un'influenza cruciale sullo sviluppo sano dell'azienda, ma la cui probabilità è ancora incerta.

  - Che venga utilizzata poco prima del lancio di una nuova azienda, per il lancio di un nuovo prodotto o progetto, per la riorganizzazione di un'azienda o quando ci si trova di fronte a cambiamenti imminenti nell'ambiente, l'analisi PESTLE fornisce informazioni significative sulle variabili pivot intrinseche di una determinata situazione. In questo modo, utilizzando le sue osservazioni, il dirigente costruirà un certo numero di scenari (preferibilmente un numero pari) sulla base delle informazioni raccolte. L'obiettivo è anticipare al meglio le situazioni future in cui l'azienda potrebbe imbattersi e fornire soluzioni per garantire la sostenibilità e il futuro di essa.

- L'analisi PESTLE consente di avviare una discussione proattiva sul futuro dell'azienda, sulla base delle variabili macroeconomiche precedentemente raccolte.

- Il suo utilizzo da solo è interessante ma insufficiente. L'analisi delle cinque (+1) forze di Porter e l'analisi SWOT possono rivelarsi un utile ausilio nell'analisi dell'ambiente aziendale (microambiente).

- Il caso dell'azienda bpost dimostra l'importanza di analizzare se l'ambiente è favorevole al lancio di un nuovo progetto quando l'azienda si trova ad affrontare un contesto in evoluzione.

- Infine, è importante ricordare che l'analisi PESTLE è uno strumento prezioso, anche se non può prevedere con certezza cosa ci riserverà il futuro. Tuttavia, consente alle aziende di identificare le principali tendenze per prepararsi meglio e difendere il proprio vantaggio competitivo.

ULTERIORI LETTURE

BIBLIOGRAFIA

AWT. (2013) *L'e-commerce 2013 in Vallonia*. [Online]. [Accessed 11 May 2015]. Disponibile da internet Archive: < https://web.archive.org/web/20131202084750/http://www.awt.be/web/dem/index.aspx?page=dem,fr,b13,ent,050>

Bpost. (2013) *Rapporto annuale Bpost 2012*. Bruxelles: Bpost.

Curau, L. (2012) Avantages concurrentiels : les cinq forces de Porter. *Cafedelabourse.com*. [Online]. [Accessed 11 May 2015]. Disponibile da: < https://www.cafedelabourse.com/dossiers/article/avantages-concurrentiels-les-5-forces-de-porter#>

Dcosta, A. (2011) Storia e applicazione dell'analisi PESTLE. *Bright Hub Project Management*. [Online]. [Accessed 11 May 2015]. Disponibile da: < http://www.brighthubpm.com/project-planning/100279-pestle-analysis-history-and-application/>

Duguay, B. (2014) La capacità strategica. *UQAM*.

Johnson, G., Scholes, K., Whittington, R. e Fréry, F. (2008) *Stratégique*. [8ª edizione]. Parigi: Pearson Education.

Kashi, K. e Dočkalíková, I. (2014) Metodi MCDM nella pratica: Determinazione dell'importanza dei criteri dell'analisi PESTEL. *Giornate internazionali di statistica ed economia*. [Online]. [Accessed 11 May 2015]. Disponibile da: < http://msed.vse.cz/msed_2014/article/362-Dockalikova-Iveta-paper.pdf>

Lambin, J-J. e de Moerloose, C. (2008) *Marketing stratégique et opérationnel. Dal marketing all'orientamento di mercato.* [7ª edizione]. Parigi: Dunod.

Lopez, F. (2011) L'analisi PESTEL. *Actinnovation.* [Online]. [Accessed 11 May 2015]. Disponibile da: < http://www.actinnovation.com/innobox/outils-innovation/analyse-pestel>

Nadkarni, S. e Narayanan, V. K. (2007) Strategic Schemas, Strategic Flexibility, and Firm Performance: the Moderating Role of Industry Clockspeed. *Strategic Management Journal.* 28(3), pp. 243-270.

PESTLEAnalysis. (2014) *Che cos'è l'analisi Pestle?* [Online]. [Accessed 11 May 2015]. Disponibile da: < http://pestlea-nalysis.com/>

Porter, M. E. (2008) Le cinque forze competitive che modellano la strategia. *Harvard Business Review.* 86(1), pp. 25-40.

Post&Parcel. (2012) *Bpost estende la sperimentazione della consegna a domicilio in giornata.* [Online]. [Consultato l'11 maggio 2015]. Disponibile da: < http://postandparcel.info/52078/news/companies/bpost-extends-same-day-home-delivery-trials/>

Srivastava, R. K., Fahey, L. e Christensen, H. K. (2014) La visione basata sulle risorse e il marketing: The Role of Market-Based Assets in Gaining Competitive Advantage. *Journal of Management.* 27(6), pp. 777-802.

FONTI AGGIUNTIVE

Aguilar, F. J. (1967) *Scanning the Business Environment.* New York: Macmillan.

sito web *bpost.* http://www.bpost.be/site/fr/postgroup/index.html

Sito web di *Happycapital*. http://www.happy-capital.com/

Silva, N. (2012) Analisi SWOT e analisi PEST e quando usarle. *Creately*. [Online]. [Accessed 11 May 2015]. Disponibile da: < http://creately.com/blog/diagrams/swot-analysis-vs-pest-analysis/>

Walsh, P. R. (2005) Dealing With The Uncertainties of Environmental Change by Adding Scenario Planning to The Strategy Reformulation Equation. *Management Decision*. 43(1), pp. 113-122.

Yüksel, I. (2012) Developing a Multi-Criteria Decision Making Model for PESTEL Analysis. *International Journal of Business and Management*. 7(24).

Vogliamo sapere da voi!
Lasciate un commento sulla vostra biblioteca online
e condividete i vostri libri preferiti sui social media!

Master ISBN: 9782808064705
ISBN cartaceo: 9782808064996
Deposito legale: D/2022/12603/86

Design digitale: Primento,
il partner digitale degli editori.